3 Mars 1904 V

VENTE

HOTEL DROUOT, SALLE N° 11

Les Jeudi 3 et Vendredi 4 Mars 1904

A 2 HEURES 1/4

BEAUX BIJOUX

EN

PERLES, BRILLANTS et PIERRES de COULEUR

Argenterie

Objets d'Art — Tableaux

MEUBLES ANCIENS et de STYLE

Me F. LAIR DUBREUIL	M. ARTHUR BLOCHE
COMMISSAIRE-PRISEUR	Expert près la Cour d'Appel
6, rue de Hanovre, 6	51, rue Saint-Georges, 51

EXPOSITION PUBLIQUE

LE MERCREDI 2 MARS 1904

DE 2 HEURES A 6 HEURES

Paris. — Imp. C. CHAUFOUR
8-10, rue Milton

CONDITIONS DE LA VENTE

La vente sera faite expressément au comptant.

Les acquéreurs paieront 10 o|o en sus des adjudications.

L'exposition mettant le public à même de se rendre compte de l'état des objets, il ne sera admis aucune réclamation une fois l'adjudication prononcée.

Imp. C. Chaufour, 8-10, rue Milton, Paris.

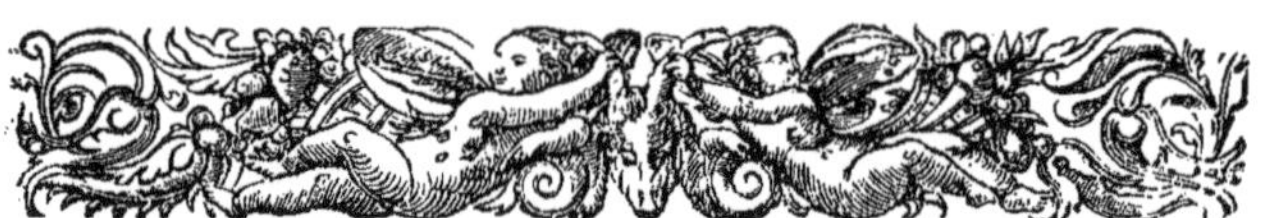

DÉSIGNATION

BIJOUX

1 — Collier de cinq rangs de perles fines composé de 470 perles, fermoir formé par une olive toute en brillants.

2 — Collier souple en or avec le nom de Bob en rose. Ce collier se démonte pour former deux bracelets.

3 — Joli bracelet en or avec motifs en perles grises et diamants. Fermoir forme cadenas, enrichi d'une grosse perle et de diamants.

4 — Collier en or enrichi de petits chatons en rubis et brillants, auquel est suspendu un médaillon forme cœur pavé de brillants et de rubis.

5 — Broche forme fleur de lys en émeraudes et diamants.

6 — Bracelet enrichi d'un double rang de brillants et de saphirs.

7 — Bracelet gourmette en or enrichi de sept turquoises reliées entre elles par des chatons de brillants.

8 — Bracelet jonc en or orné d'une applique enrichie d'une turquoise entourée de douze brillants.

9 — Broche forme perroquet sur perchoir composée d'une grosse coque de perle et d'un anneau en diamants.

10 — Broche forme croissant enrichie de rubis et de roses.

11 — Epingle de sûreté en or, avec brillant monté à chaton.

12 — Broche forme oiseau sur branche fleurie pavée de brillants.

13 — Montre de dame en or émaillé vert, boîtier orné d'une grosse rose, suspendue à une barrette en diamants et émeraudes.

14 — Peigne en écaille blonde avec ornements en or découpé à jour et orné d'émaux translucides, enrichie de brillants.

15 — Broche ornée d'une miniature représentant la promenade en chaise à porteurs, encadrement de style Louis XV, en or ciselé, enrichi de diamants et de deux perles fines.

16 — Petit bracelet chaînette en or, orné de sept perles fines et de huit rondelles de saphirs.

17 — Petite broche forme pensée, en améthystes et diamants.

18 — Broche en or, forme trèfle à quatre feuilles en émail vert translucide avec petit brillant au centre.

19 — Chaîne de dame en or avec boule étoilée de diamants.

20 — Médaillon en or émaillé gros bleu, forme cœur avec applique en diamants.

21 — Broche en or avec feuille de lierre pavée d'une perle fine et de diamants.

22 — Bague marquise en or pavée de brillants.

23 — Agrafe en or, ornée de rubis et de roses.

24 — Paire de pendants d'oreilles en roses anciennes.

25 — Trois paires de boutons d'oreilles montés de roses.

26 — Paire de boutons d'oreilles montés de roses.

26 *bis* — Paire de boutons d'oreilles or et petites perles et une broche émaillée en argent doré.

27 — Broche en or, ornée d'une miniature portrait de femme en corsage blanc parée d'un bouquet de fleurs, signée.

BIJOUX ANCIENS

Miniatures

28 — Reliquaire forme double aigle d'Autriche en filigrane d'argent avec miniature représentant le Christ.

29 — Reliquaire en filigrane d'argent avec miniatures offrant d'un côté la Vierge et l'Enfant et de l'autre côté le Père Eternel et le Christ.

30 — Deux épingles de coiffure forme fleurs en filigrane d'argent.

31 — Reliquaire en argent doré offrant le Christ en croix.

32 — Deux cadres de reliquaire en argent.

33 à 35 — Trois petits reliquaires en filigrane d'argent.

36 — Plaque en argent repercé à jour.

37 — Agrafe forme lions en argent.

38 — Deux épingles de coiffure forme fleurs en filigrane d'argent doré.

39 — Reliquaire en argent avec émail représentant la Vierge et l'Enfant.

40 — Deux épingles de coiffure forme boules en filigrane d'argent.

41 — Médaillon en argent avec émail représentant la Sainte Famille.

42 — Chaîne de Cordoue en argent doré.

43 — Deux pendants d'oreilles en argent doré ornée de glaces.

44 — Pendentif en argent doré garni de strass.

45 — Broche en argent incrusté d'onyx et d'une topaze.

46 — Broche forme couronne en argent doré avec émail au centre.

47 — Deux appliques en filigrane d'argent ornées de pierreries.

48 — Deux croix espagnoles en argent doré.

49 — Paire de pendants d'oreilles forme glands en argent doré.

50 — Applique en argent repoussé offrant des amours.

51 — Pendentif en argent ajouré offrant au centre saint Georges.

52 — Sept pièces de monnaies anciennes.

53 — Paire de pendants d'oreilles en argent doré.

54 — Deux paires de boucles d'oreilles en argent et pierres vertes.

55 — Broche en argent et strass.

56 — Deux épingles de coiffure en argent avec pierres vertes et strass.

57 — Quatre bagues en argent et strass.

58 — Petite croix en argent.

59 — Milieu de collier en argent, strass et perle poire fausse.

60 — Six peignes en cuivre ancien et acier. Ier Empire.

61 — Boule rectangulaire en cuivre ciselé. Epoque Louis XVI.

62 — Boucle ovale en cuivre ajouré. Epoque Louis XVI.

63 — Deux boucles anciennes en cuivre doré.

64 — Miniature : portrait d'officier, cadre bois noir et cuivre.

65 — Miniature : portrait d'homme en habit noir.

66 — Miniature : portrait du duc de Bourgogne enfant.

67 — Deux salières en verre décoré.

68 — Deux petits flacons en porcelaine décorée.

69 — Médaillon offrant le jugement de Pâris, cadre en cuivre orné de pierres vertes et de strass.

70 — Jeu de cartes gravées et peintes.

71 — Paire de grands pendants d'oreilles en cuivre et pierres rouges.

72 — Montre en cuivre avec custode en écaille.

73 — Cinq bonbonnières rondes en écaille et vernis.

74 — Bonbonnière ovale et étui de nécessaire en écaille.

75 — Châtelaine en acier.

76 — Deux carnets en acier doré avec aquarelles.

77 — Quatre épingles de coiffure en cuivre et petites perles.

78 — Deux bonbonnières et un porte-monnaie en porcelaine décorée.

79 — Applique de bracelet en cuivre et camée.

80 — Miniature, portrait d'homme.

81 — Collier en cuivre et strass, avec pendentif camée.

82 — Petite bonbonnière ovale en écaille piquée d'argent.

83 — Neuf boules en cuivre et acier.

84 — Huit clefs de montre et cachet en cuivre, onyx et acier.

85 — Deux petites appliques en cuivre et strass.

86 — Deux appliques en cuivre et strass.

87 — Petit pendentif en argent et topaze.

88 — Vingt huit boutons forme boules en argent ajouré.

89 — Trente six boutons en argent.

90 — Petit cadre ovale en cuivre.

91 — Neuf pièces camées, émails et pierres de lave.

92-93 — Quinze éventails en nacre, ivoire, écaille, cuivre et bois.

94 — Trois éventails en corne et os.

95 — Trois rouleaux de galons anciens.

96 — Petite guitare en écaille.

97 — Petite miniature ovale portrait d'homme Louis XVI. Cadre en velours rouge.

98 — Boite ronde en ivoire doublée d'écaille ornée sur le couvercle d'une miniature, portrait de femme en corsage bleu ; cercle en or.

99 — Miniature ovale portrait de femme en robe blanche. Signée : MAYR A AUGSBURG.

100 — Petite miniature ovale portrait de vieillard dans un cadre médaillon en argent doré.

101 — Miniature portrait de dame âgée la tête recouverte d'un voile en mousseline.

102 — Miniature ronde portrait de jeune fille d'après GREUZE.

103 — Deux petites miniatures, portrait de jeune femme décolletée et tête de jeune fille.

104 — Trois miniatures dont deux sous verres et une dans un écrin en velours vert.

105 — Miniature portrait de Louis XVIII. Cadre en bronze doré.

106 — Miniature portrait du Pape Pie VII.

107 — Miniature portrait de jeune femme. Cadre en bronze doré de style Louis XVI.

108 — Eventail en dentelle de Chantilly.

109 — Eventail en dentelle application, monture en nacre.

110 — Deux éventails en nacre et écaille.

111 — Petite ombrelle garnie en dentelle de Chantilly.

112 — Coupon en dentelle de Chantilly mesurant environ $4^{m}50$.

113 — Miniature : Joseph et Madame Putiphar.

114 — Porte cigarette en or et acier.

ARGENTERIE

115 — Service composé d'une aiguière et six verres en argent gravé, à feuillages et médaillons.

116 — Aiguière à vin en cristal taillé, monture en argent à guirlandes de vigne.

117 — Coupe ajourée, sur pied en argent repoussé à feuillages.

118 — Gobelet en argent, le haut avec inscription style Louis XIII.

119 — Gobelet en argent gravé.

120 — Corbeille en filigrane d'argent, parties émaillées, travail chinois.

121 — Coupe en filigrane d'argent.

122 — Pièce de surtout, en argent forme palmier, avec coupe en cristal.

123 — Deux petits gobelets en argent repoussé, à feuillages et fruits. Epoque Louis XIII.

124 — Gobelet en argent à trophée de chasse.

125 — Beurrier en argent, couvercle surmonté d'une vache couchée.

126 — Paire de flambeaux en argent guilloché.

127 — Trois paires de petits flambeaux en argent guilloché.

128 — Coupe en cristal avec pied en argent.

129 — Douze petites salières tripodes avec leurs cuillers en argent.

130 — Poudrière en argent côtelé.

131 — Deux salières en argent.

132 — Deux tasses avec leurs soucoupes en argent guilloché.

133 — Timbale en argent guilloché.

134 — Petite soucoupe en argent gravé à guirlandes de fleurs, bordure perlée.

135 — Trois ronds de serviettes en argent.

136 — Vingt-trois porte-couteaux en argent.

137 — Huit grandes cuillers, six petites à fruits et une pelle à sucre, en argent repoussé, parties dorées.

138 — Pot à lait en argent uni.

139 — Service à poisson en argent gravé manche en ivoire sculpté représentant des Renards et des Raisins.

139 *bis* — Trois fourchettes et trois cuillers en argent.

140 — Service de table en argent à filets feuillagés, composé de : vingt-quatre grands couverts, une cuiller à ragoût, douze cuillers à café, un couteau à fromage, une fourchette, une pelle à hors-d'œuvre, et deux petites cuillers à sucre.

141. — Trente-six cuillers et vingt-deux fourchettes en argent à filets.

142 — Dix-sept cuillers à crème en argent.

143 — Six cuillers à ragoût en argent à filets.

144 — Cuiller à sauce même modèle.

145 — Seize cuillers à café en argent.

146 — Pince à asperges en argent.

147 — Truelle à poisson en argent ajouré.

148 — Tire-moëlle en argent.

149 — Cuiller à sauce forme louche, en argent.

150 — Cinq fourchettes en argent et métal.

151 — Trois cuillers à sel en vermeil et métal.

152 — Cuiller en argent et couteau à fromage avec manche en ivoire.

153 — Deux légumiers pouvant former plateaux en argenture, bordure à perlés.

154 — Moule à poivre en cristal, monture argentée.

155 — Trois porte-couteaux en métal.

156 — Deux jardinières forme caisse, en argenture.

157 — Deux porte-cure-dents en métal.

158 — Petite poivrière forme œuf.

159 — Petite coupe à anses en métal argenté.

160 — Seau à glace avec pelle en cristal givré cerclé de métal.

OBJETS D'ART

161 — Statuette en marbre : Marchande de fleurs.

162 — Buste en marbre : La Dubarry d'après PAJOU.

163 — Garniture de cheminée en bronze composée d'une statuette de femme d'après Auguste MOREAU et de deux buires.

164 — Coupe en bronze ciselé.

165 — Pendule en bronze doré, commencement du XIXe siècle.

166 — Garniture de cheminée composée : d'une pendule en marbre surmontée d'un groupe en bronze et deux candélabres à six lumières.

167 — Paire de flambeaux en bronze doré, fin Louis XVI.

168 — Deux vide-poches forme coquilles en bronze : Libellule et les Vendanges, signés : Garnier.

169 — Paire de flambeaux en bronze à patine verte, style égyptien.

170 — Deux flambeaux de pagode en bronze du Japon.

171 — Petite pendule dorée : le Char de l'amour.

172 — Paire de bouts de table à trois lumières en métal argenté.

173 — Jardinière en bronze du Japon à décor d'oiseaux en relief.

174 — Paire de flambeaux en bronze ciselé et argenté de style Louis XV.

175 — Deux coupes en bronze décor à guirlandes d'œillets signées : Cain.

176 — Christ en bronze doré.

177 — Petite glace biseautée cadre en métal doré à figures d'amours.

178 — Groupe de chiens en bronze de Mène.

179 — Groupe en bronze argenté : Héron et lézards.

180 — Chien épagneul en bronze de Mène.

181 — Ours et tigre en bronze.

182 — Buste de faune en bronze d'après Clodion.

183 — Petit brûle-parfums et petit vase en bronze du Japon.

184 — Galerie de foyer en bronze.

185 — Paire de chenêts en fer forgé, boules en cuivre.

186 — Paire de flambeaux en bronze doré, modèle à côtes tournantes.

187 — Pendule en bronze et bronze doré : Vénus accroupie.

188 — Deux panneaux décoratifs en tôle émaillée à décor architectural, jardinière fleurie et plantes grimpantes; dans un encadrement à ornements feuillagés.

189 — Garniture de cheminée en bronze poli de style Renaissance, composée de : une pendule et deux candélabres à cinq lumières.

190 — Paire de chenêts de même style en bronze poli.

191 — Deux statuettes en bronze : Diane de Gabies et Vénus de Milo.

192 — Statuette d'amour frileux en bronze.

193 — Chien en bronze, signé Delabrière.

194 — Bougeoir en cuivre, style égyptien.

195 — Paire de petites jardinières en émail cloisonné.

196 — Grand bol avec plateau en fer damasquiné d'or.

197 — Quatre coupes persanes en cuivre ciselé.

198 — Grande bonbonnière en porcelaine de Sèvres fond gros bleu à rinceaux et ornements dorés ; le couvercle décoré d'un sujet : Le Concert champêtre.

199 — Encrier en faïence de Moustiers.

200 — Assiette en faïence de Moustiers.

201 — Paire de petits vases en porcelaine rouge et verte.

202 — Trois vases en faïence décorée.

203 — Service à café solitaire, composé de trois pièces en porcelaine de Chine.

204 — Tête de Narghilé en cuivre incrusté de pierres diverses.

205 — Narghilé en porcelaine et albâtre.

206 — Narghilé en faïence persane à fond bleu.

207 — Etagère d'applique en laque de Perse.

208 — Porte-coran en laque, travail persan.

209 — Cuiller persane en bois sculpté.

210 — Vase en verre de Bohême décoré de fleurs, monture en argent doré.

211 — Deux petits bustes en terre cuite, par Labarre.

212 — Deux masques de chinois en plâtre.

213 — Guitare.

214 — Jumelle marine.

215 — Deux réchauds en métal argenté.

216 — Lustre en bronze doré à vingt-quatre lumières orné de figurines d'amours.

217 — Suspension de salle à manger en cuivre à douze lumière (de la maison Gagneau).

218 — Deux paires d'appliques de même travail.

219 — Deux supports en bronze et cristaux.

220 — Paire de flambeaux en étain, époque Louis XVI.

221 — Paire de candélabres Louis XVI à figures de femmes.

222 — Buste en bronze : Patricienne de Colombo.

223 — Paire de chenêts Louis XVI en bronze.

224 — Statuette en bronze : la Poésie des mers, de MARCEL DEBUT.

225 — Deux statuettes en bronze : Esclaves.

ARMES

226 à 229 — Quatre armures persanes composées chacune d'un brassard et d'une rondache en fer damasquiné,

230 — Quatre haches d'armes persanes en fer damasquiné.

231 — Quatre masses d'armes persanes en fer damasquiné.

232 — Sept cottes de mailles.

233 — Tromblon à canon damasquiné d'or, monture incrustée et garnie en argent.

234 — Sabre japonais laqué.

235-236 — Deux fusils de chasse Hammerless.

237 — Revolver d'ordonnance.

LIVRES

238 — Œuvres de Lafontaine illustrées par Gustave Doré, 1 vol.

239 — Manon Lescaut, illustré par Maurice Leloir, 1 vol.

MEUBLES

240 — Beau lit en bois sculpté garni de panneaux offrant en relief des scènes de la Vie du Christ, des rinceaux et des ornements, surmonté d'un baldaquin supporté par quatre colonnes torses, en partie du XVIIe siècle.

241 — Armoire à glace biseautée en bois sculpté à colonnes torses. Style Louis XIII.

242 — Meuble à hauteur d'appui en bois noir et filets de cuivre, orné de bronzes dorés, ouvrant à un vantail décoré d'un vase de fleurs en applications de matières dures.

243 — Pendule d'applique avec socle en marqueterie de cuivre ornée de bronzes. Style Louis XV.

244 — Glace biseautée, cadre en bois sculpté à jour, surmonté d'un fronton.

245 — Grande glace avec cadre doré.

246 — Curieux piano dit clavi-harpe en bois d'acajou et filets de cuivre, montant à cannelures et chapiteau corinthien. Epoque du Ier Empire.

247 — Fauteuil de traîneau Louis XV orné de peinture, genre vernis Martin, pièce curieuse.

248 — Canapé époque Louis XVI foncé de canne.

249 — Canapé à médaillon et trois chaises Louis XVI foncées de canne.

250 — Deux chaises Louis XV en bois sculpté garnies de soie.

251 — Petit bureau bonheur du jour, époque Louis XVI, en marqueterie avec canne.

252 — Table à rafraîchissement Louis XVI avec cuivres.

253 — Paire de chenêts de la Renaissance à têtes de femme en bronze.

254 — Paravent sculpté à deux feuilles garni en soie.

255 — Trumeau Louis XVI ancien, avec sujet camaïeu et sa glace.

256 — Deux pieds en fer Louis XIII.

257 — Plaque de cheminée en fonte ancienne, avec sujet et date : 1687.

258 — Serrure ancienne.

259 — Deux tabourets de l'Empire garnis de soie rouge.

260 — Deux glaces d'applique en bois doré. Epoque Louis XV.

261 — Lot de bois sculptés.

262 — Chaise Directoire en noyer.

263 — Chaise Louis XIII.

264 — Cadre rond en bois ancien doré.

265 — Ameublement de salle à manger en noyer sculpté, style Renaissance, composé : d'un buffet à voussure, d'une table et de six chaises.

266 — Ameublement de chambre à coucher en noyer sculpté, style Louis XVI, composé d'une armoire, d'un lit de milieu avec sommier et d'une table de nuit.

267 — Deux grandes glaces avec cadres dorés.

268 — Salon en bois sculpté et doré couvert de soierie, composé d'un canapé, deux fauteuils et quatre chaises. Style Louis XVI.

269 — Bahut en vernis Martin, dessus en marbre brèche, garni de bronzes. Style Louis XV.

270 — Vitrine en palissandre garni de bronzes.

271 — Bahut Louis XIII en marqueterie.

272 — Psyché en chêne sculpté Louis XIII.

273 — Bureau bonheur du jour à cylindre en acajou. Epoque Louis XVI.

274 — Bahut en chêne sculpté. Epoque Henri II.

275 — Tricoteuse Empire en acajou.

276 — Table rognon en acajou Empire.

277 — Paire de petits bras Louis XVI à mascarons.

TABLEAUX

Dessins — Aquarelles — Gravures

278 — BERTRAND (Georges). *Etang sous bois.*

279 — BOMPARD. *Nature morte.*

280 — BUFFET (Paul). *Fête païenne.*

281 — CLOUET (Ecole de). *François Ier.*

282 — DELPY (H.-J.). *Paysage.*

283 — DESHAYES. *Vieux Marché à Rennes.* Dessin à la plume.

284 — ECOLE MODERNE. *Chevalier en armure.* Aquarelle.

285 — ECOLE MODERNE. *Femme à sa toilette.*

286 — ECOLE MODERNE. *Intérieur de harem.* Aquarelle.

287 — ECOLE MODERNE. *Portraits de femmes persanes.* Deux aquarelles.

288 — ECOLE PERSANE. *Portrait de Nsame-Moulk, grand-vizir de Perse.*

289 — ECOLE PERSANE. *Portrait d'Harhade-Mirza, grand-vizir de Perse.*

290 — FABION. *Albanais et Espagnol.*

291 — FORESTIER (A. de). *Paysage, lac au pied d'une montagne.* Aquarelle.

292 — GIACOMELLI (D'après). *Oiseaux.* Fac-similé.

293 — GREUZE (D'après). *Scènes maternelles.* Deux gravures.

294 — GUIGOU. *Paysage de Provence.*

295 — GROLLERON (Genre de). *Nature morte.*

296 — ISABEY (E.). *Incendie en mer.*

297 — MADEL. *La Lutte des grenouilles.* Aquarelle.

298 — MICHEL. *Paysage.*

299 — OBALSKE. *Buste d'homme.* Dessin. Etude.

300 — PILS. *Tête de jeune fille.*

301 — RAPHAEL (D'après). *La Vierge.*

302 — RAVENAZ. *Pot de chrysanthèmes.*

TAPIS — ÉTOFFES

303 — Tapis en peluche de soie à reflets changeants.

304 — Garniture de fauteuil en tapisserie à la main, sujet de chasse.

305 — Dessus de coussin en soie brodée. Travail japonais.

306 — Garniture de quatre fauteuils en tapisserie d'Aubusson.

307 — Lot d'étoffes de Perse.

308 — Tapis oriental à dessin polychrome.

309 à 311 — Trois carpettes de Smyrne.

312 — Carpette orientale.

313 — Objets omis.

www.ingramcontent.com/pod-product-compliance
Ingram Content Group UK Ltd.
Pitfield, Milton Keynes, MK11 3LW, UK
UKHW022155170726
13837UKWH00004B/2000

9 782329 537443